全新版

華語

第三冊

流傳文化事業股份有限公司
http://www.chlearn.com

編輯要旨

一、本書為適應世界各地華僑學校需要而編寫，全書共分十二冊，提供世界各地華僑小學、中學使用。各地區可因應個別需要，一年使用一冊或二冊，教材設計上，也儘量符合這二種需求。

二、本書課程設計，採「語」「文」並重；選擇在「第二外國語言」和「本國語文」中找出一個平衡點。每一課的「語文活動」中，大都有「對話練習」，滿足語言在日常生活的應用需求；每課課文，又充滿了文學、文化的趣味性與人文關懷。

三、本書重視語言文字的統整學習。每課的語文活動，將文字的形、音、義、詞語、句型、章法等，系列地歸納出概念原則，幫助孩子快速有效的學習。在教學指引中，更設計生動活潑的語文遊戲，為孩子的學習帶來歡笑。

四、本書為使學生能學習最正確的華語，編寫時特別採用「國語注音符號」。附錄中對每課生字、新詞均附通用拼音、漢語拼音及英文解釋，以供參考。

五、本書所用生字，至第六冊約為八百字，至第十二冊約為二千四百字，按教育部編「常用兩千八百字彙編」的字頻編寫。字由淺而深，在課文或語文活動、習作中，有反覆練習的機會；並且用淺白的文字和圖畫，系統性、趣味性的介紹文字，以此策略，幫助孩子大量識字。至於生字的注音，儘量不用變調、兒化韻，以降低學生學習困擾。必要的變調，如哥哥ㄍㄜ˙ㄍㄜ，文中會注變調；生字中注本調。

六、本書三課組成一單元，以收單元教學效果。但為配合僑校學生每週上課一次，所以每課都設計相關語文活動，包含聽、說、讀、寫的語文技能，做為說話課和作文課的輔助教材，以幫助學生思考、溝通及書寫的能力。每冊並附教學指引一本及習作本二本。

全新版 華語 第三冊

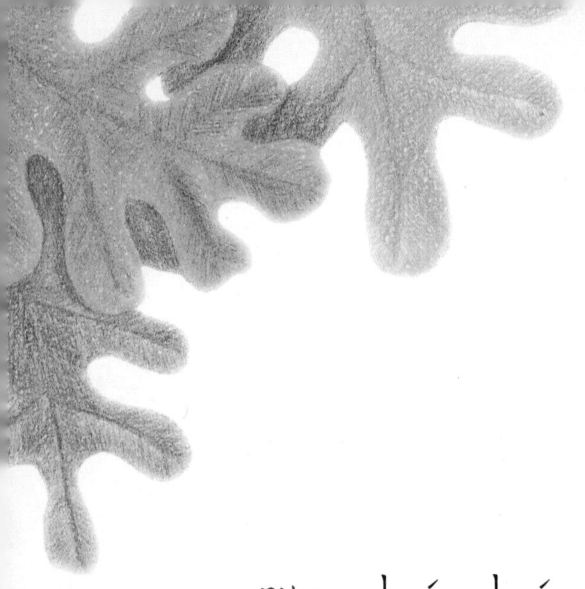

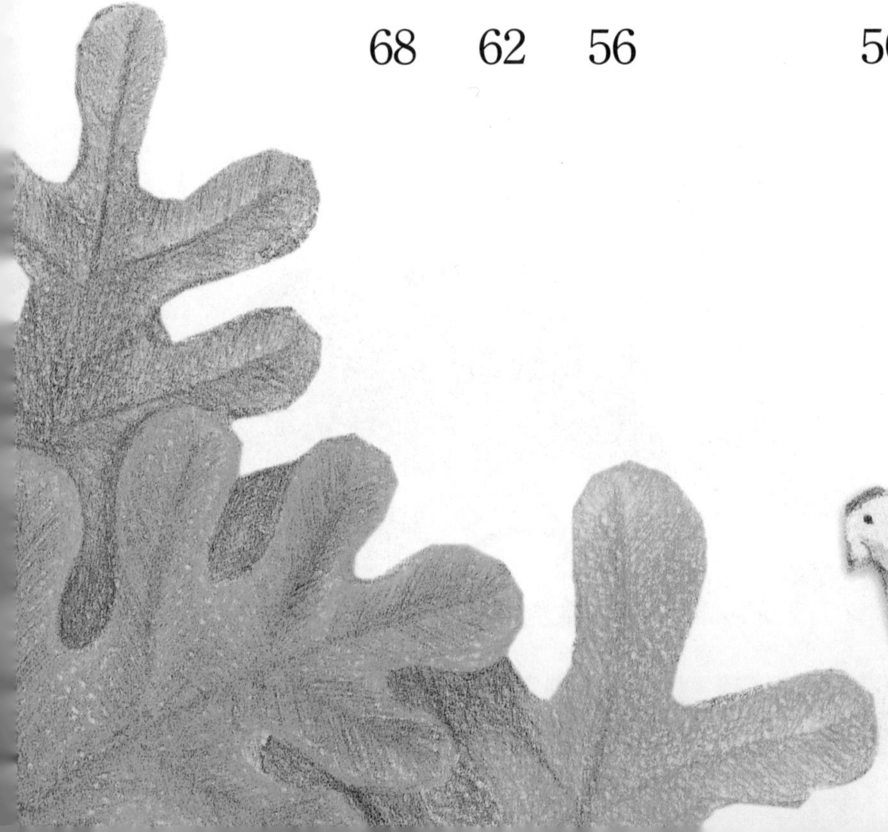

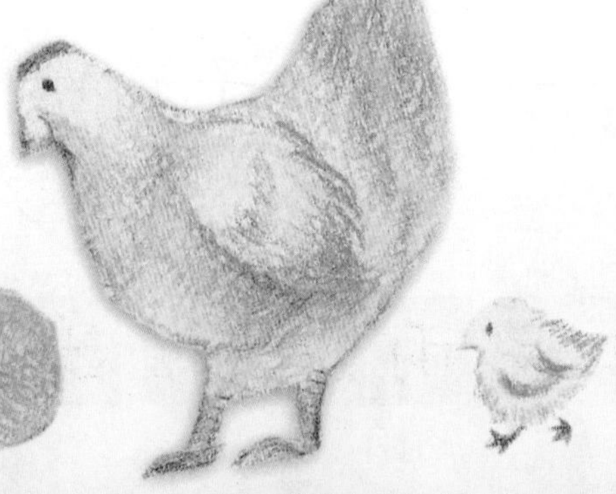

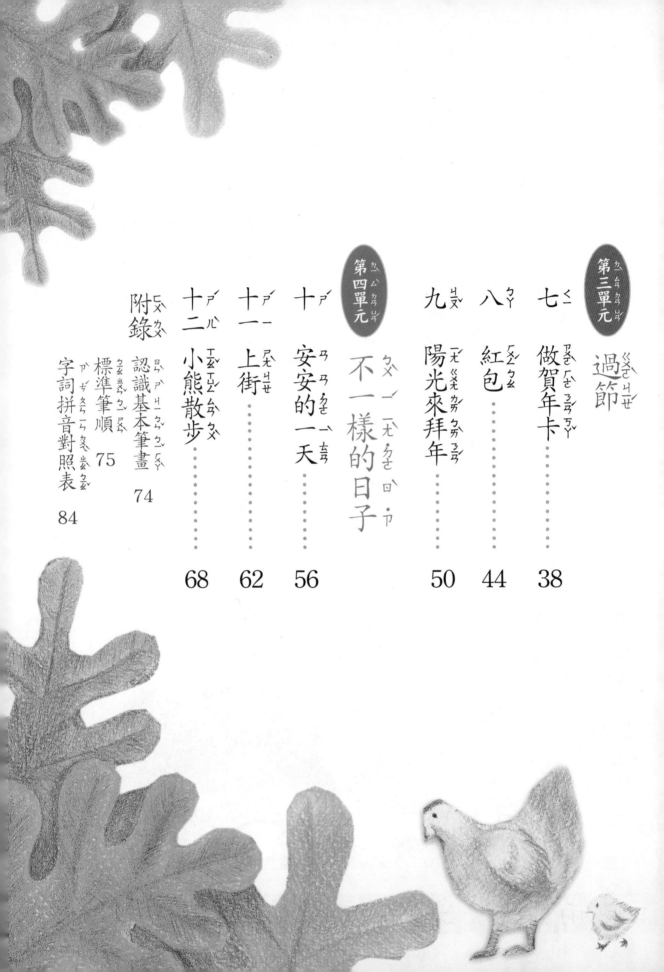

一一

茶和可樂

一個夏天的中午，爸爸和兒子坐在一起看電視。

兒子一邊看電視一邊喝可樂，爸爸一邊看電視一邊喝茶，兩個人都不說話。

過了一下子，爸爸說：「兒子，喝喝茶，好嗎？」兒子喝了一口，笑笑說：「好喝！有爸爸的味道。」

又過了一下子，兒子說：「爸爸，喝喝可樂，好嗎？」

口 ㄎㄡˇ　兩 ㄌㄧㄤˇ　喝 ㄏㄜ　邊 ㄅㄧㄢ　視 ㄕˋ　電 ㄉㄧㄢˋ　兒 ㄦˊ　夏 ㄒㄧㄚˋ　樂 ㄌㄜˋ

爸爸喝了一口，笑笑說：「好喝！有兒子的味道。」

於是爸爸和兒子，一邊看電視一邊有說有笑了。

於ㄩˊ 道ㄉㄠˋ 味ㄨㄟˋ

語文活動一

說一說

爸爸，夏天來了，天氣變得好熱！

是啊，夏天是一年中最熱的季節。你想做什麼事？

爸爸，您帶我去游泳，好嗎？

好啊！泡在水裡很涼快。

爸爸，夏天來了，您想做什麼事？

夏天除了陪你游泳之外，我只想在家吹吹冷氣，看看電視。

爸爸，您真好，我也會陪您一起吹吹冷氣，看看電視。

讀一讀

吹吹
吹吹風
吹吹冷風

吃吃
吃吃飯
吃吃熱飯

喝喝
喝喝茶
喝喝紅茶

看看
看看樹
看看大樹

唱唱
唱唱歌
唱唱山歌

寫一寫（ㄒㄧㄝˇ ㄧˋ ㄒㄧㄝˇ）

爸爸（ㄅㄚˋ ˙ㄅㄚ）

（　　）

哥哥（ㄍㄜ ˙ㄍㄜ）

（　　）

和（ㄏㄢˋ）

兒子（ㄦˊ ㄗˇ）

（　　）

弟弟（ㄉㄧˋ ˙ㄉㄧ）

（　　）

坐在一起（ㄗㄨㄛˋ ㄗㄞˋ ㄧˋ ㄑㄧˇ）

看電視（ㄎㄢˋ ㄉㄧㄢˋ ㄕˋ）

（　　）

吃水果（ㄔ ㄕㄨㄟˇ ㄍㄨㄛˇ）

（　　）

照樣照句

★ 一邊……一邊

◎ 爸爸一邊喝茶一邊看電視。

◎ 妹妹一邊爬山一邊唱山歌。

◎ （　　　　　　　　）

★ ……於是……

◎ 喝了茶和可樂之後，於是爸爸和兒子有說有笑了。

◎ 大家都愛運動，於是相約去打球。

◎ （　　　　　　　　）

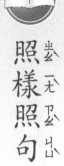

二 青蛙唱歌

夏天已來到，
青蛙跳又跳，
大聲嘓嘓叫！
第一隻青蛙唱：
嘓嘓！夏天有美麗的花朵。
第二隻青蛙唱：
嘓嘓！夏天有好吃的水果。
第三隻青蛙唱：

第 蛙 已 跳 聲 嘓 隻 麗 蟲

嘓嘓！夏天有好喝的可樂。

草裡的小蟲聽了說：

他們的哥哥到底有幾個？

底 ㄉㄧˇ　幾 ㄐㄧˇ

說一說

：妹妹，你喜歡聽什麼聲音？

：我喜歡聽下雨的聲音，滴滴答答的。

：我喜歡聽小鳥的聲音，吱吱喳喳的，好熱鬧。

：哥哥，你不喜歡聽什麼聲音？

：我不喜歡聽打雷的聲音，轟隆轟隆的，我最怕了。

：我也怕打雷的聲音，好像老天爺在生氣。

：我覺得爸爸罵人的聲音，就跟打雷的聲音一樣。

：哥哥，別讓爸爸聽了，不然又要打雷了。

念一念相反詞

笑哈哈
氣呼呼

黑漆漆
白茫茫

大聲
小聲

晴天
雨天

下雨了
出太陽

很高
很低

造句練習

已

夏天已來到，青蛙嘓嘓叫。

夏天已來到，小鳥吱吱叫。

夏天已來到，（　　　　）。

到底

他們的哥哥到底有幾個？

你到底要去哪裡？

一個月到底（　　　　）？

念兒歌

一隻青蛙一張嘴，
兩個眼睛四條腿，
噗通一聲跳下水！
兩隻青蛙兩張嘴，
四個眼睛八條腿，
噗通一聲跳下水！

三 夏天誰最紅

夏天來了，誰最紅？

太陽公公說：「是我，當然是我，我最紅了！我一發出明亮的光芒，大地就變得熱呼呼的。」

夏天來了，誰最紅？

蟬弟弟說：「是我，當然是我，我最紅了！我在樹上大聲叫，夏天就來到。」

氣ㄑㄧˋ　蟬ㄔㄢˊ　呼ㄏㄨ　芒ㄇㄤˊ　發ㄈㄚ　然ㄖㄢˊ　當ㄉㄤ　公ㄍㄨㄥ　誰ㄕㄟˊ

夏天來了，誰最紅？

冷氣機哥哥說：「是我，當然是我，我最紅！人們有了我，熱呼呼的夏天，一點都不怕。」

機　點　怕　最　光　熱　弟

說一說

：哈！夏天我最紅，人們不能沒有我，如果沒有了我，人們就變成烤鴨了。

：別說得那麼大聲，我比你更紅！

：你比我紅？說來聽聽吧！

：我用電省，花的錢又少，大家都買得起，所以我比你更紅！

（突然停電了）

：哈！沒有電，你們兩個都不動了！人們只要一搖我，就很涼快，所以我最紅啊！

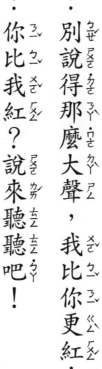

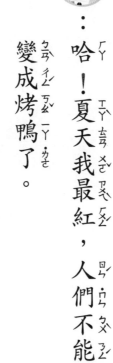

句子練習

……當然……

太陽公公說：「夏天到了，當然是我最紅！」

我喜歡喝牛奶，當然吃紅豆牛奶冰。

（　　　　）

……就……

太陽公公說：「我一發出明亮的陽光，大地就變得熱呼呼的。」

小弟說：「我一跑到馬路上，就會看到許多車子。」

學生說：「我們一到夏天，就（　　　　）。」

句子練習：把說的話改成敘述句

太陽公公說：「夏天到了，我最紅了。」

太陽公公說夏天到了，他最紅了。

哥哥說：「夏天到了，我最喜歡玩水。」

哥哥說夏天到了，他最喜歡玩水。

妹妹說：「夏天到了，我最喜歡吃西瓜。」

（　　　　　　　　　　　　）

選一選

① ㄍㄨㄚ ㄍㄨㄚ ㄍㄨㄚ

② ㄒㄧ ㄌㄧ ㄒㄧ ㄌㄧ

③ ㄍㄨ ㄌㄨ ㄍㄨ ㄌㄨ

④ ㄏㄨㄥ ㄌㄨㄥ ㄏㄨㄥ ㄌㄨㄥ

⑤ ㄎㄚ ㄘㄚ ㄎㄚ ㄘㄚ

⑥ ㄉㄧ ㄉㄚ ㄉㄧ ㄉㄚ

- 閃電後，大雷（　　）的響個不停。
- 小雨（　　）的下個沒完。
- 聞到烤肉的香味，我的肚子餓得（　　）叫。
- 伯伯（　　）的剪樹葉，忙得非常快樂。
- 小弟弟吹著喇叭（　　）的，真有趣。
- （　　）！小鴨子一面游水一面唱著歌。

四 泡溫泉

有一天晚上，吃過飯後，家人坐在一起吃水果。

「天氣冷了，」爸爸說：「泡溫泉最舒服。」

「泡溫泉不就是泡湯嗎？」哥哥問。

「是啊！泡溫泉日本人都說是泡湯。」爸爸回答著。

媽媽同意的說：「一到假日，泡溫泉的人就很多。」

哥哥說：「前幾天，我和大新約好，不管怎麼樣都要一同去泡湯。沒想到大新失約了，我們去泡湯的事就泡湯了。」

溫 泉 服 湯 假 約 事 連 忙

妹妹聽了連忙問：「哥哥，你明天要請我喝玉米濃湯的事，會不會也泡湯了？」

失ㄕ 沒ㄇㄟˊ 管ㄍㄨㄢˇ 意ㄧˋ 舒ㄕㄨ 濃ㄋㄨㄥˊ 米ㄇㄧˇ 玉ㄩˋ

說一說

：早安，小文。

：愛美，早安，咦！你今天精神很好。

：可以說是特別好，因為昨天媽媽帶我去泡湯。

：哦！你和媽媽到哪裡泡湯？

：到陽明山，那裡有很多溫泉。

：昨天是假日，泡溫泉的人很多嗎？

：是有很多人，我和媽媽在大眾池泡。

：大眾池？是很多人在一個大池子裡泡湯嗎？

：是啊！大家都覺得很好玩呢！

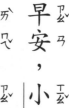

寫一寫

天氣熱了，玩玩水最有趣。
天氣冷了，（泡泡湯最舒服。）

天亮了，媽媽起得最早。
天黑了，（　　　　　　）

上課了，小朋友最認真。
下課了，（　　　　　　）

比一比

起得

媽媽起得早，要去公園運動。

睡得

哥哥睡得很香，地震了都不知道。

吃得

他吃得很快，把一個小西瓜吃光了。

玩得

弟弟玩得很高興，都忘了吃飯。

笑得

爸爸看著報紙，笑得好開心。

造句練習

不就是……

泡溫泉不就是泡湯嗎？

你不就是哥哥的同學王力嗎？

（　　）

不管……都……

我和大新約好，不管怎樣都要去泡湯。

林伯伯不管晴天或雨天，都會到公園散步。

（　　）

五 上網

一大早，蜘蛛在樹上結了一個網，網又大又好看。

蜘蛛很滿意，坐在網的中央等著食物。

這時候，有一隻蝴蝶唱著歌，快樂的飛了過來。

蜘蛛連忙大聲的叫：

「蝴蝶小姐，早安！歡迎你到我家坐一下，好嗎？」

「不！蜘蛛先生，我很忙，我要去告訴大家春天來了。」

「你飛累了吧！快到我的網上休息一下。」

「不！蜘蛛先生，如果我上了你的網，我就不能告訴大家

網 央 等 食 飛 迎 先 生 累

春天的消息。」

「為什麼？」

「因為我就變成你的食物了。」

蝴蝶說完話，趕快飛走了。

趕 成 因 為 消 時 完 能 如 息 休

語文活動五

說一說

：阿湯，早安，你今天上網了嗎？

：早，安安，我今天上網了。

：哦！你上網做什麼？

：我在收信，我在我的郵件信箱，收到一封朋友的來信。

：我也上網了。

：你上哪一個網站？

：我喜歡收集笑話，哪個網站有笑話，我就會去看看。

：哈！上網真有趣！

比一比

肯定句

- 蜘蛛會結網
- 我會跳舞
- 小狗喜歡吃骨頭
- 媽媽會做衣服

否定句

- 蜘蛛不會飛
- 我不會唱歌
- 小狗（　　）吃西瓜
- 媽媽（　　）織毛衣

寫一寫

連忙

弟弟跌倒了，我連忙把他扶起來。

小狗不見了，我連忙去找牠。

（ ）

變成

蝴蝶一不小心，變成蜘蛛的食物了。

他聽了父母的話，變成一個好孩子。

（ ）

句子練習

如果……就……

如果我上了你的網，我就不能告訴大家春天的消息。

如果我想得到好成績，就要用功讀書。

（　　　　　　　　　　　　　　　　　　　　　　　　）

因為……

因為我上了你的網，就會變成你的食物。

弟弟因為沒寫功課，所以早上不敢去上學。

（　　　　　　　　　　　　　　　　　　　　　　　　）

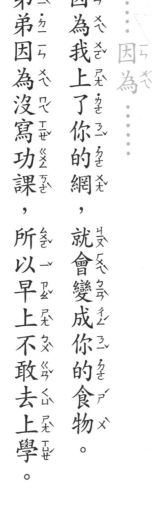

牛（ㄋㄧㄡˊ）回（ㄏㄨㄟˊ）家（ㄐㄧㄚ）了（·ㄌㄜ）

有（ㄧㄡˇ）一（ㄧ）個（ㄍㄜˋ）人（ㄖㄣˊ），他（ㄊㄚ）非（ㄈㄟ）常（ㄔㄤˊ）有（ㄧㄡˇ）錢（ㄑㄧㄢˊ），可（ㄎㄜˇ）是（ㄕˋ）捨（ㄕㄜˇ）不（ㄅㄨˋ）得（ㄉㄜˊ）花（ㄏㄨㄚ）一（ㄧ）塊（ㄎㄨㄞˋ）錢（ㄑㄧㄢˊ）。

有（ㄧㄡˇ）錢（ㄑㄧㄢˊ）人（ㄖㄣˊ）對（ㄉㄨㄟˋ）一（ㄧ）位（ㄨㄟˋ）畫（ㄏㄨㄚˋ）家（ㄐㄧㄚ）朋（ㄆㄥˊ）友（ㄧㄡˇ）說（ㄕㄨㄛ）：「送（ㄙㄨㄥˋ）我（ㄨㄛˇ）一（ㄧ）張（ㄓㄤ）畫（ㄏㄨㄚˋ），好（ㄏㄠˇ）嗎（·ㄇㄚ）？」

有（ㄧㄡˇ）一（ㄧ）天（ㄊㄧㄢ），畫（ㄏㄨㄚˋ）家（ㄐㄧㄚ）送（ㄙㄨㄥˋ）了（·ㄌㄜ）他（ㄊㄚ）一（ㄧ）張（ㄓㄤ）畫（ㄏㄨㄚˋ）。有（ㄧㄡˇ）錢（ㄑㄧㄢˊ）人（ㄖㄣˊ）看（ㄎㄢˋ）了（·ㄌㄜ）半（ㄅㄢˋ）天（ㄊㄧㄢ），不（ㄅㄨˋ）知（ㄓ）

道（ㄉㄠˋ）畫（ㄏㄨㄚˋ）家（ㄐㄧㄚ）畫（ㄏㄨㄚˋ）了（·ㄌㄜ）什（ㄕㄣˊ）麼（·ㄇㄜ）？

「我（ㄨㄛˇ）畫（ㄏㄨㄚˋ）了（·ㄌㄜ）一（ㄧ）頭（ㄊㄡˊ）牛（ㄋㄧㄡˊ）在（ㄗㄞˋ）吃（ㄔ）草（ㄘㄠˇ）。」畫（ㄏㄨㄚˋ）家（ㄐㄧㄚ）說（ㄕㄨㄛ）明（ㄇㄧㄥˊ）著（·ㄓㄜ）。

「草（ㄘㄠˇ）在（ㄗㄞˋ）哪（ㄋㄚˇ）裡（ㄌㄧˇ）？」有（ㄧㄡˇ）錢（ㄑㄧㄢˊ）人（ㄖㄣˊ）問（ㄨㄣˋ）。

「草（ㄘㄠˇ）被（ㄅㄟˋ）牛（ㄋㄧㄡˊ）吃（ㄔ）掉（ㄉㄧㄠˋ）了（·ㄌㄜ）。」畫（ㄏㄨㄚˋ）家（ㄐㄧㄚ）回（ㄏㄨㄟˊ）答（ㄉㄚˊ）。

被（ㄅㄟˋ）　張（ㄓㄤ）　送（ㄙㄨㄥˋ）　畫（ㄏㄨㄚˋ）　位（ㄨㄟˋ）　塊（ㄎㄨㄞˋ）　捨（ㄕㄜˇ）　錢（ㄑㄧㄢˊ）　非（ㄈㄟ）

「那頭牛在哪裡？」有錢人又問。

「牛把草吃完，就回家去了。」

有錢人聽了，心裡很不舒服，只好紅著臉走開了。

把 答 知 常 臉 舒 就 掉

說一說

：小美，你看！我畫了一張畫。

：哇！你畫了一棵大樹。

：你看！我畫的樹上有小鳥，樹下有小孩。

：咦！我沒看到樹上有小鳥？

：小鳥飛走了，牠們去找蟲子吃。

：那樹下的小孩到哪裡去了？

：樹下的小孩回家吃飯了。

：哈！你畫的圖真有趣。

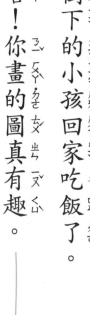

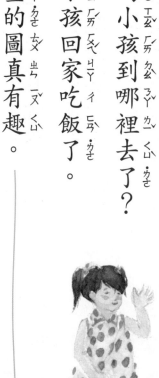

讀一讀

非常

他非常有錢。

弟弟非常快樂。

這塊石頭非常奇妙。

只好

他不能出去玩，只好在家看書。

他忘了帶課本，只好跟同學一起看。

他忘了帶功課，只好請媽媽送來。

問句練習

你

送我

一張

畫

好嗎？

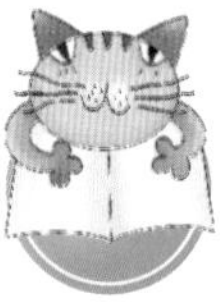

句子練習

① 我想吃熱狗，可是身上沒有錢。

② 媽媽想買李子，可是錢包沒有帶出來。

③ 他想出去玩，可是功課還沒寫完。

④ 哥哥想看電視，可是（　　　　　　）

⑤ 妹妹想喝牛奶，可是（　　　　　　）

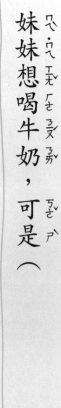

七

做賀年卡

快過年了
做一張賀年卡
送給遠方的朋友

先對摺淡淡的粉彩紙
貼上可愛的小花
畫上美麗的金魚
再寫上想念的心聲
祝福的話語

做 賀 卡 遠 方 淡 粉 紙 金

最後
賀卡像一隻五色的彩鳥
帶著我的祝福
飛進你的心底

寫 念 祝 語 色 摺 彩 貼 福 帶

語文活動七

說一說

：我要做賀年卡送給你。

：你要寫什麼祝福的話？

：今年是蛇年，祝你「蛇」麼事都如意。

：如果是明年，你要怎麼祝福？

：馬年當然要祝你一「馬」當先、「馬」到成功。

：後年是羊年，有什麼好話呢？

：哈！祝大家吉祥富貴、「羊羊」得意。

做一張耶誕卡

先
對摺淡黃的卡紙

再
貼上（ㄌㄩˋ）（ㄌㄩˋ）的耶誕（ㄕㄨˋ）

最後
畫上（ㄎㄜˇ）（ㄞˋ）的雪人

句子伸長

這是什麼？

一隻鳥

這是一隻鳥。

這是什麼樣的鳥？

紅色的鳥

這是一隻紅色的鳥。

這一隻紅色的鳥在哪裡？

在樹上

這一隻紅色的鳥在樹上。

這一隻紅鳥在怎樣的樹上？

在綠綠的樹上

這一隻紅鳥在綠綠的樹上。

這一隻紅鳥在綠綠的樹上做什麼？

唱歌

這一隻紅鳥在綠綠的樹上唱歌。

這一隻紅鳥在綠綠的樹上怎樣唱歌？

快樂的唱歌

這一隻紅鳥在綠綠的樹上快樂的唱歌。

什麼時候這一隻紅鳥在綠綠的樹上快樂的唱歌？

大白天

大白天這一隻紅鳥在綠綠的樹上快樂的唱歌。

八 紅包

最近，老師常常說：「上課用心的小朋友，放假前，老師要送他一個紅包。」我心裡想：我常常念錯字，忘記寫功課，打破老師的花盆……完了，我一定拿不到紅包。

最後一堂課，老師開始發紅包，我低著頭想心事。

忽然，老師念到我的名字：「安安，這是送給你的紅包。」我好開心！連忙打開來看，裡面有一元，還有一張小卡片，上面寫著：

面 忽 始 功 忘 放 用 常 近

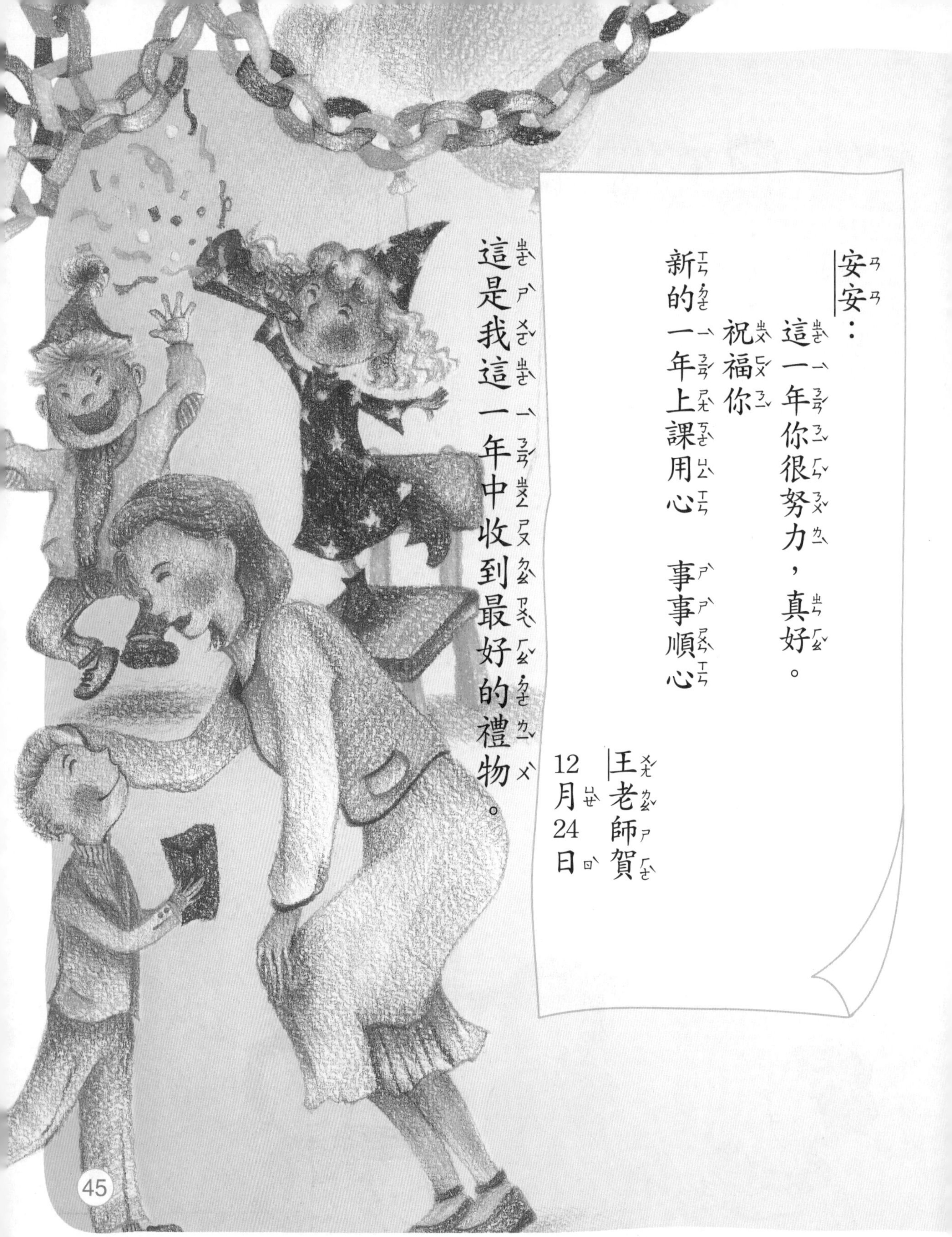

安安：

這一年你很努力，真好。

祝福你

新的一年上課用心　事事順心

王老師賀

12月24日

這是我這一年中收到最好的禮物。

努　力　順　收

錯　破　盆　定　堂

說一說：我的紅包

：兩張，我的紅包有兩千元。

：一張，我的紅包是一張卡，我要去刷喜歡的禮物。

：我有五、六十張。

：哇！五、六十張。

：五、六十張發票啦！是媽媽辛苦收集的。

：喔！祝你幸運中獎。

寫一寫

重複的動作詞語，讀起來有什麼不一樣？

- 想心事▽（　想想　）心事
- 寫功課▽（　　　）功課
- 發紅包▽（　　　）紅包
- 聞花香▽（　　　）花香
- 抓小魚▽（　　　）小魚
- 打棒球▽（　　　）棒球
- 散步▽（　　　）步
- 爬樹▽（　　　）樹
- 泡茶▽（　　　）茶

查辭典：利用部首找詞

1 遇到不認識的詞怎麼辦？

2 猜一猜它的部首。

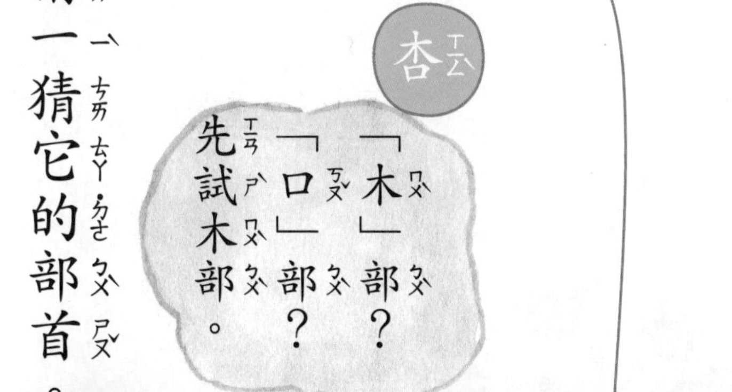

3 數一數部首的筆畫。

4 數一數部首以外的筆畫。

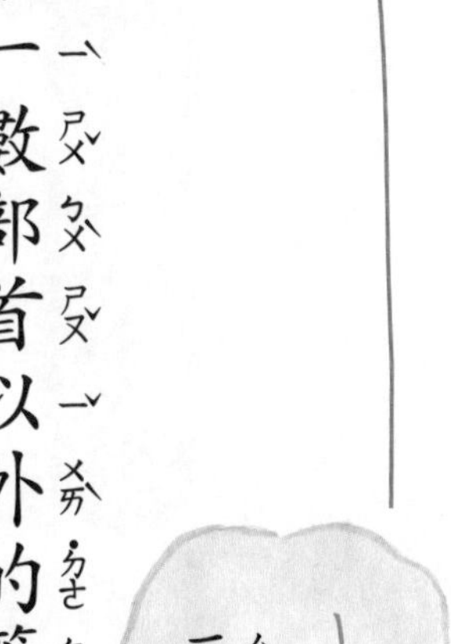

在部首查字表找到頁數。

部首查字表

部首	注音	頁數
一畫		
一	（ㄧ）	1
冖	（ㄇㄧˋ）	106
冫	（ㄅㄧㄥ）	111
几	（ㄐㄧ）	119
三畫		
口	（ㄎㄡˇ）	178
囗	（ㄨㄟˊ）	214
土	（ㄊㄨˇ）	228
士	（ㄕˋ）	249
夊	（ㄙㄨㄟ）	250
干	（ㄍㄢ）	361
幺	（ㄧㄠ）	364
广	（ㄧㄢˇ）	367
廴	（ㄧㄣˇ）	375
廾	（ㄍㄨㄥˇ）	376
弋	（ㄧˋ）	377
弓	（ㄍㄨㄥ）	377
方	（ㄈㄤ）	520
无	（ㄨˊ）	523
日	（ㄖˋ）	523
曰	（ㄩㄝ）	547
月	（ㄩㄝˋ）	551
木 朩	（ㄇㄨˋ）	556
欠	（ㄑㄧㄢˋ）	623

木 556

翻到部首的那一頁。

【木部】

木 ㄇㄨˋ

①木本植物的通稱，枝幹堅硬。例：樹木。
②用木頭製成的。例：木馬。
③五行之一。例：金、木、水、火、土。

木瓜 水果名。番木瓜科，原產於熱帶美洲。果實有些為長橢圓形，果肉橘紅，中有黑圓種子。

木耳 菌類。外形如耳，可食用。

翻到筆畫數的那一頁。

李白 字太白，號青蓮居士。很有才華，作品豪放飄逸，為盛唐時大詩人，後人尊稱為「詩仙」。

杏 木部三畫

薔薇科植物。花白色，果實呈球形，色淡黃，甜且多汁。

杏仁 杏核內的種子。扁圓形，可供入藥和食用，一般用來潤肺止咳。

杏壇 原指孔子講學處，後人用來稱「教育界」。

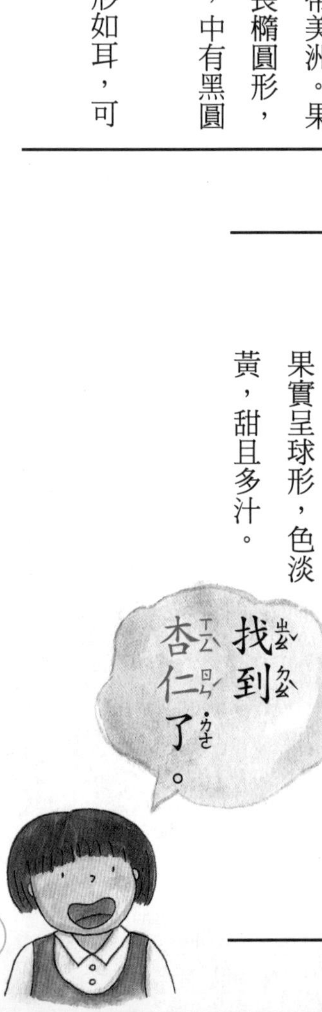

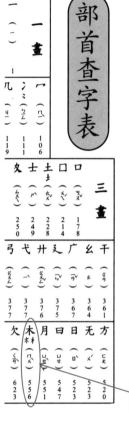

九 陽光來拜年

大年初一，
陽光來拜年。
客廳裡走一走，
臥室裡看一看，
還到廚房吃年糕，
吃完直誇味道好。
大年初二，
陽光和媽媽一起回娘家。

表 誇 直 還 室 臥 廳 初 拜

我和表弟追著陽光跑，
看誰追得到？
陽光跑到前花園，
溜到後庭院，
和我們一起爬樹比跳遠。

追 園 庭 院 比 廚 糕 娘

說一說

：過年時，我們會吃年糕，表示年年高升。

：我們會吃水餃，誰吃到水餃中的錢，誰就是這一年中最幸運的人。

：在歐洲，我們會吃香濃的牛奶粥。誰要是吃到一粒杏仁，誰就是這一年中最幸運的人。

：過年時如果你們要請我吃雞，雞頭可別對著我。

：我知道，這樣的話，你就被開除了！

念一念

淡淡的什麼？

月亮

雲

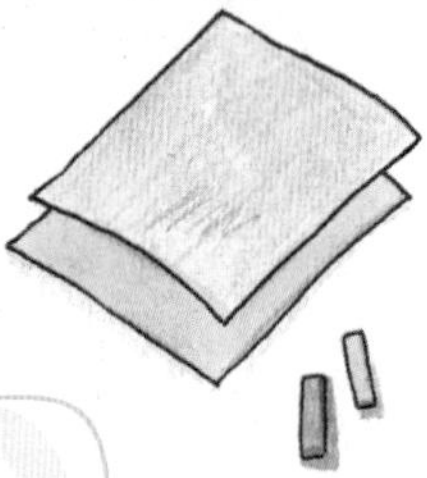

粉彩紙

她淡淡的做什麼？

笑一笑

抹點粉

快樂的什麼？

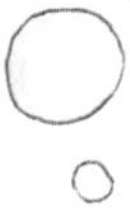

金魚

小熊

媽媽

查辭典：利用注音找詞

① 遇到不認識的詞怎麼辦？

② 在注音查字表中找出它的音。

(昏) 二八五
葷……五七七
閽……七三〇
ㄏㄨㄣˊ
楎△ 三一九
混△ 三六四
渾……三六七
琿……四四九
餛……七一九
魂……七八七
ㄏㄨㄣˇ
混……三六四
ㄏㄨㄣˋ
圂……一〇四
混……三六四
渾△ 三六七
慁……三七一
[illegible]

鱓△ 七九三
ㄏㄨㄤ
ㄏㄨㄤ
慌……三二六
肓……五四〇
荒……五六八
ㄏㄨㄤˊ
凰……四九
徨……二〇三
惶……三一七
湟……三六八
潢……三七七
煌……三八九
璜……四三〇
皇……四四一
磺……四六三
篁……四八九
簧……四八六
蝗……六〇四

蟥△ 六〇八
遑……六八七
鍠……七一七
隍……七三八
鰉……七九七
(黃) 八二一
黃……八二一
ㄏㄨㄤˇ
幌……一七七
恍……三一三
晃……二八八
洸△ 三五八
謊……六四六
ㄏㄨㄤˋ
晃……二八八
・ㄏㄨㄤ
慌△ 三二九
ㄏㄨㄥ
ㄏㄨㄥ

吽……七九
哄……八四
烘……三八七
薨……五八八
訇……六三四
轟……六七八
ㄏㄨㄥˊ
魟△ 七九九
吰△……七八
宏……一四六
嶸△ 一六九
弘……一七三
泓……三五五
洪……三五八
竑……四七九
紅……四九七
紘……四九九
翃……五三六
葓……五七七
葒……五七七

③ 找（ㄓㄠˇ）出（ㄔㄨ）字（ㄗˋ）的（ㄉㄜ˙）頁（ㄧㄝˋ）碼（ㄇㄚˇ）翻（ㄈㄢ）到（ㄉㄠˋ）那（ㄋㄚˋ）一（ㄧˋ）頁（ㄧㄝˋ）。

慌（ㄏㄨㄤ）在（ㄗㄞˋ）226頁（ㄧㄝˋ）

④ 找（ㄓㄠˇ）到（ㄉㄠˋ）生（ㄕㄥ）詞（ㄘˊ），讀（ㄉㄨˊ）一（ㄧˋ）讀（ㄉㄨˊ）它（ㄊㄚ）的（ㄉㄜ˙）意（ㄧˋ）思（ㄙ）。

【心部】十畫 慌愧慎

慌 ㄏㄨㄤ

① 急忙，混亂。例：慌亂。

② 恐懼，害怕。例：恐慌。

慌忙 ㄏㄨㄤ ㄇㄤˊ 急急忙忙，十分緊張的樣子。

慌張 ㄏㄨㄤ ㄓㄤ 緊張忙亂的樣子。

愧 ㄎㄨㄟˋ

羞慚。例：羞愧、慚愧。

愧對 ㄎㄨㄟˋ ㄉㄨㄟˋ 覺得羞愧難以面對。

慎 ㄕㄣˋ

① 仔細，小心。例：謹慎。

② 姓。

慎重 ㄕㄣˋ ㄓㄨㄥˋ 小心謹慎且鄭重。

慎終追遠 ㄕㄣˋ ㄓㄨㄥ ㄓㄨㄟ ㄩㄢˇ 慎重地辦喪禮，並追念久遠的祖先。

慎謀能斷 ㄕㄣˋ ㄇㄡˊ ㄋㄥˊ ㄉㄨㄢˋ 謹慎計畫，並做正確的判斷。

二二六

十

安安的一天

上課了，老師要我們拿出書來。一不小心，我的筆就掉到桌子下面，我爬到桌下找筆。

老師問我：「安安，你為什麼像蛇一樣，在桌子下面爬？」同學們大笑。下課後，大家都叫我「小蛇」。

下課了，我們去打棒球，球飛過來，我沒有接到。大新對我說：「都是你，害我們輸了球。」小湯說：「他還能做出什麼好事？」

放學了。老師說：「值日生是誰？怎麼沒有澆

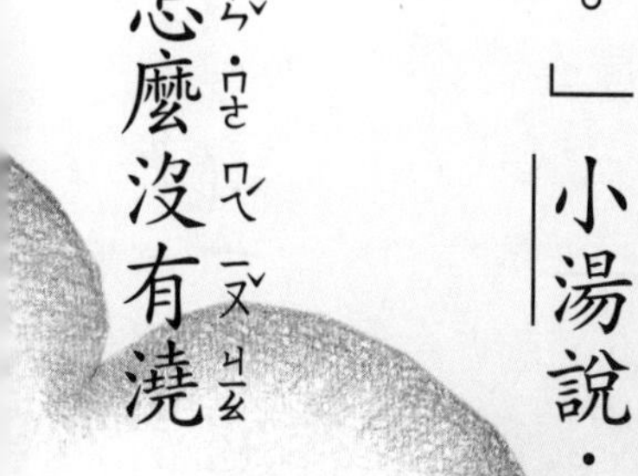

輸 害 沒 棒 樣 蛇 為 桌 筆

花呢？」我跑過去澆花，因為想著要早早回家，一不小心，就把老師最心愛的一盆花打破了。

今天，真是難過的一天。

值ㄓˊ 因ㄧㄣ 把ㄅㄚˇ 盆ㄆㄣˊ 破ㄆㄛˋ 澆ㄐㄧㄠ 難ㄋㄢˊ

說一說

：我們去打棒球吧！

：好啊！我喜歡。

：給你一個棒球。

：對不起，太小了，我接不到。

：皮球可以接到了吧？

：糟了，還是接不到。

：那再給你一個足球。

：唉！又飛了。

：你還能接什麼球？

：籃球好了。

哇！好痛！太重了！

：我已經沒有球可以給你了。

籃球　ㄌㄢˊ　ㄑㄧㄡˊ

羽毛球　ㄩˇ　ㄇㄠˊ　ㄑㄧㄡˊ

桌球　ㄓㄨㄛ　ㄑㄧㄡˊ

排球　ㄆㄞˊ　ㄑㄧㄡˊ

棒球　ㄅㄤˋ　ㄑㄧㄡˊ

足球　ㄗㄨˊ　ㄑㄧㄡˊ

圖畫辭典：他們在玩什麼？他們在玩……

ㄊㄨˊ　ㄏㄨㄚˋ　ㄘˊ　ㄉㄧㄢˇ　ㄊㄚ　ㄇㄣˊ　ㄗㄞˋ　ㄨㄢˊ　ㄕㄣˊ　ㄇㄜ　ㄊㄚ　ㄇㄣˊ　ㄗㄞˋ　ㄨㄢˊ

？問（ㄨㄣ）號（ㄏㄠ）

美（ㄇㄟˇ）麗（ㄌㄧˋ）的（ㄉㄜˊ）耳（ㄦˇ）環（ㄏㄨㄢˊ）

掛（ㄍㄨㄚˋ）在（ㄗㄞˋ）句（ㄐㄩˋ）子（ㄗˇ）下（ㄒㄧㄚˋ）

大（ㄉㄚˋ）家（ㄐㄧㄚ）猜（ㄘㄞ）得（ㄉㄜˊ）到（ㄉㄠˋ）

你（ㄋㄧˇ）要（ㄧㄠˋ）發（ㄈㄚ）問（ㄨㄣˋ）了（ㄌㄜ˙）

3

你（ㄋㄧˇ）要（ㄧㄠˋ）和（ㄏㄢˊ）誰（ㄕㄟˊ）去（ㄑㄩˋ）泡（ㄆㄠˋ）溫（ㄨㄣ）泉（ㄑㄩㄢˊ）呢（ㄋㄜ˙）（　）

2

媽（ㄇㄚ）媽（ㄇㄚ˙）喜（ㄒㄧˇ）歡（ㄏㄨㄢ）打（ㄉㄚˇ）桌（ㄓㄨㄛ）球（ㄑㄧㄡˊ），

你（ㄋㄧˇ）喜（ㄒㄧˇ）歡（ㄏㄨㄢ）打（ㄉㄚˇ）什（ㄕㄣˊ）麼（ㄇㄜ˙）球（ㄑㄧㄡˊ）（　）

1

你（ㄋㄧˇ）今（ㄐㄧㄣ）年（ㄋㄧㄢˊ）幾（ㄐㄧˇ）歲（ㄙㄨㄟˋ）？

比一比

敘述句的後面有一個句號

安安是值日生。

安安沒有澆花。

他像蛇一樣在桌子下面爬。

他不能喝玉米濃湯。

蜘蛛想吃蝴蝶。

蟬在樹上叫。

問句的後面有一個問號

誰是值日生？

安安怎麼沒有澆花？

他為什麼像蛇一樣，在桌子下面爬？

他能不能喝玉米濃湯？

蜘蛛想不想吃蝴蝶？

蟬會在樹上叫嗎？

十一 上街

媽媽在家中帶小弟弟。弟弟跑來跑去，爬上爬下，不停的吵。媽媽只好帶他上街去。

弟弟問：「那麼多人在做什麼？」

媽媽說：「他們在排隊等公共汽車。」

弟弟說：「樹樹也在排隊。」媽媽笑了笑。

走到十字路口，媽媽說：「紅燈亮了，不能走。」

弟弟說：「綠燈亮了，快快走。」

媽媽說：「街上有花店，有書店，也有麵包店……

帶 弟 吵 隊 共 車 路 店 麵

你要去哪裡？」

弟弟說：「我要去麵包店。」

媽媽說：「你要吃麵包，還是要吃蛋糕？」

弟弟說：「我要吃蛋糕。」

媽媽和弟弟過了快樂的一天。

蛋 糕

說一說

：我想出國去玩。

：好啊！

：那我們要去哪裡？

：到哪裡都可以。

：我們要坐飛機嗎？

：不用。

：要坐船嗎？

：不用！

：我們要去多久？

：一天就可以回來了。

：我們到底要去哪一國？

：小人國。

：天哪！

看圖寫一寫

我家有（　　　　）、（　　　　）、哥哥、妹妹、我和五條金魚。爸爸喜歡（　　　　），媽媽愛（　　　　），哥哥喜歡看電視，妹妹喜歡（　　　　），我常常很頑皮，打壞別人的東西。小金魚什麼都不會，只愛游來游去。

念一念，寫一寫

超市裡	我家	我的書包	街上
	有		
			花店
	有		
	也有		
		午餐	麵包店

比一比

這些字的字音一樣，但是字形不一樣，你能分清楚嗎？

直　值

坐　做

生　聲

公　工

他一直是值日生。

媽媽坐在桌前做蛋糕。

這個女生的聲音很高。

爸爸坐公車去做工。

十二

小熊散步

小熊喜歡看雲，他常常躺在草地上看雲。

有一天，小熊在看雲，雲變厚了，也變黑了，天空很快的下起雨來了。

小熊跑到石洞裡躲雨。

雲走了，雨停了，太陽也跟著出來了。

天空出現了一道彩虹，好美麗啊！

熊　散　步　厚　黑　雨　洞　現　彩

小熊走了好久，有點
餓了，就到河裡去抓魚。
小熊吃飽了，散散步，聞聞花香，然後
坐在樹下休息。
星星晚安，月亮晚安。
小熊睡著了。

虹ㄏㄨㄥˊ 抓ㄓㄨㄚ 聞ㄨㄣˊ 香ㄒㄧㄤ

躲ㄉㄨㄛˇ 餓ㄜˋ 飽ㄅㄠˇ 睡ㄕㄨㄟˋ

說一說

：我不喜歡我的床，我想找一張新床。

：我的床很棒，你試一試吧！

：救命啊！這裡太高了！

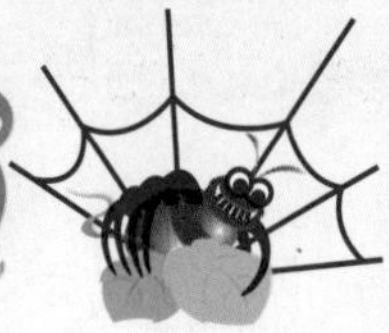

：來躺一下我的八角大床吧！

：我太重了，要掉下去啦！

：我的水床綠綠的，很舒服，請你來睡吧！

：天啊！我的身子都濕了，我還是回家吧！

：心愛的，你可回來了。

：山洞裡的床，是最溫暖，最舒服的床！

哇！好累！我要睡了！

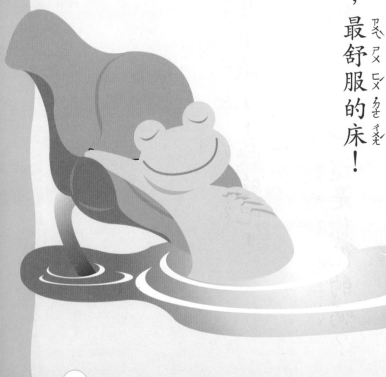

驚嘆號

揮球棒
打到球
吃一驚
大呼又小叫
快樂或悲哀
最後會明白

- 肚子餓了，快吃吧！
- 媽呀（　）這是你做的嗎？
- 小鳥的歌聲真好聽啊（　）
- 你畫得很漂亮（　）

讀一讀，造一個句子

奶奶出去散散步，走累了，

然後

坐在樹下睡著了。

小馬在水邊喝完水，

於是

跑到草原上去玩。

我們拍完皮球，

就

一起去溜滑梯。

附錄（ㄈㄨˋ ㄌㄨˋ）

認識基本筆畫（ㄖㄣˋ ㄕˋ ㄐㄧ ㄅㄣˇ ㄅㄧˇ ㄏㄨㄚˋ）

筆畫（ㄅㄧˇ ㄏㄨㄚˋ）	名稱（ㄇㄧㄥˊ ㄔㄥ）	例子（ㄌㄧˋ ㄗˇ）
一	橫（ㄏㄥˊ）	一 二
丨	豎（ㄕㄨˋ）	斗 不
丶	點（ㄉㄧㄢˇ）	魚 字
丿	撇（ㄆㄧㄝˇ）	仁 什
㇏	捺（ㄋㄚˋ）	人 之
㇀	挑（ㄊㄧㄠˇ）	法 挑
㇕	橫折（ㄏㄥˊ ㄓㄜˊ）	曰 田

筆畫（ㄅㄧˇ ㄏㄨㄚˋ）	名稱（ㄇㄧㄥˊ ㄔㄥ）	例子（ㄌㄧˋ ㄗˇ）
㇟	豎曲鉤（ㄕㄨˋ ㄑㄩ ㄍㄡ）	包 他
㇖	橫鉤（ㄏㄥˊ ㄍㄡ）	皮 也
㇚	豎鉤（ㄕㄨˋ ㄍㄡ）	牙 寸
㇂	斜鉤（ㄒㄧㄝˊ ㄍㄡ）	我 代
㇁	彎鉤（ㄨㄢ ㄍㄡ）	了 豕
㇆	橫折鉤（ㄏㄥˊ ㄓㄜˊ ㄍㄡ）	月 再
㇇	橫撇（ㄏㄥˊ ㄆㄧㄝˇ）	發 又

標準筆順（ㄅㄧㄠ ㄓㄨㄣˇ ㄅㄧˇ ㄕㄨㄣˋ）

數字為總筆畫（ㄕㄨˋ ㄗˋ ㄨㄟˊ ㄗㄨㄥˇ ㄅㄧˇ ㄏㄨㄚˋ）

第一課

樂	夏	兒	電	視	邊	喝
15	10	8	13	11	19	12

第二課

兩	口	味	道	於
8	3	8	13	8

第	蛙	已	跳
11	12	3	13

公 誰　第三課　　幾 底 蟲 麗 隻 嘓 聲
4　15　　　　　12 8　18 19 10 14 17

公公公公　誰誰誰誰誰誰誰誰　幾幾幾幾幾幾幾幾幾　底底底底底底底　蟲蟲蟲蟲蟲蟲蟲蟲　麗麗麗麗麗麗麗麗麗麗麗　隻隻隻隻隻隻隻隻隻　嘓嘓嘓嘓嘓嘓嘓嘓　聲聲聲聲聲聲聲聲聲聲

怕 點 機 氣 蟬 呼 芒 發 然 當
8　17 16 10 18 8　7　12 12 13

怕怕怕怕怕怕怕　點點點點點點點點點　機機機機機機機機機機　氣氣氣氣氣氣氣氣　蟬蟬蟬蟬蟬蟬蟬蟬　呼呼呼呼呼　芒芒芒芒芒　發發發發發發發發　然然然然然然然然　當當當當當當當當當

第四課

溫	泉	服	湯	假	約	事	連	忙
13	9	8	12	11	9	8	11	6

第五課

玉	米	濃	網	央	等	食	飛	迎
5	6	16	14	5	12	9	9	8

第六課

先	生	累	休	息	如	能	完		非
6	5	11	6	10	6	10	7		8

先先先先

生生生

累累累累累累累累累

休休休休休

息息息息息

如如如如

能能能能能能

完完完完完完

非非非非非非非

就	掉	被	張	送	畫	位	塊	捨	錢
12	11	10	11	10	12	7	13	11	16

就就就就就就就就

掉掉掉掉掉掉掉掉掉

被被被被被被被被

張張張張張張張

送送送送送

畫畫畫畫畫畫畫

位位位位位位

塊塊塊塊塊塊塊塊

捨捨捨捨捨捨

錢錢錢錢錢錢錢錢

舒	臉
12	17

第七課

做	賀	卡	遠	方	淡	粉
11	12	5	14	4	11	10

紙	金	寫	念	祝	語	色
10	8	15	8	9	14	6

第八課

近	常
8	11

順	力	努	面	忽	始	功	忘	放	用
12	2	7	9	8	8	5	7	8	5

第九課

誇	直	還	室	臥	廳	初	拜	收
13	8	17	9	8	25	7	9	6

表	追	園	庭	院	比
8	10	13	10	10	4

第十課

筆	桌	為
12	10	9

蛇	樣	棒	沒	害	輸	值	因	把	盆
11	15	12	7	10	16	10	6	7	9

第十一課

破	帶	弟	吵	隊	共	車	路	店
10	11	7	7	12	6	7	13	8

第十二課

麵	蛋	糕	熊	散	步	厚	黑	雨
20	11	16	14	12	7	9	12	8

香	聞	抓	虹	彩	現	洞
9	14	7	9	11	11	9

香 香 香 香 香 香 香 香

聞 聞 聞 聞 聞 聞 聞 聞 聞 聞

抓 抓 抓 抓 抓

虹 虹 虹 虹 虹 虹

彩 彩 彩 彩 彩 彩 彩

現 現 現 現 現 現 現 現

洞 洞 洞 洞 洞 洞 洞 洞

字詞拼音對照表

漢語拼音、通用拼音和英文解釋

課次	字、詞	頁碼	漢語拼音	通用拼音	英文解釋
1	樂	2	lè	lè	happy
	夏	2	xià	sià	summer
	兒	2	ér	ér	child
	電	2	diàn	diàn	electric
	視	2	shì	shìh	to regard
	電視	2	diànshì	diànshìh	television, TV
	邊	2	biān	bian	border, edge
	喝	2	hē	he	drink
	兩	2	liǎng	liǎng	two
	口	2	kǒu	kǒu	mouth
	味	3	wèi	wèi	flavor
	道	3	dào	dào	path
	味道	3	wèidào	wèidào	taste of food
	於	3	yú	yú	to, at, in
	於是	3	yúshì	yúshìh	thus
2	第	8	dì	dì	grade, level
	蛙	8	wā	wa	frog
	已	8	yǐ	yǐ	already

課次	字、詞	課文頁碼	漢語拼音	通用拼音	英文解釋
	跳	8	tiào	tiào	jump
	聲	8	shēng	sheng	voice
	嘓	8	guó	guó	
	隻	8	zhī	jhih	head of
	麗	8	lì	lì	beautiful
	蟲	9	chóng	chóng	bug
	底	9	dǐ	dǐ	bottom, last
	幾	9	jǐ	jǐ	several
	幾隻	9	jǐzhī	jǐjhih	how many
3	誰	14	shéi	shéi	who
	公	14	gōng	gong	public fair, male
	當	14	dāng	dang	when
	然	14	rán	rán	correct, just
	當然	14	dāngrán	dangrán	of course, certainly
	發	14	fā	fa	to induce, to arise
	芒	14	máng	máng	awn
	光芒	14	guāngmáng	guangmáng	flashes, rays of light
	呼	14	hū	hu	to call, to exhale
	蟬	14	chán	chán	cicada
	氣	15	gì	cì	chi, breath
	機	15	jī	ji	machine

課次	字、詞	課文頁碼	漢語拼音	通用拼音	英文解釋
	冷氣機	15	lěngqìjī	lěngcìj	air-conditioner
	點	15	diǎn	diǎn	spot
	怕	15	pà	pà	afraid
4	溫	20	wēn	wun	warm
	泉	20	quán	cyuán	spring
	溫泉	20	wēnquán	wuncyuán	hot springs
	服	20	fú	fú	clothes
	湯	20	tāng	tang	soup
	假	20	jià	jià	vacation
	約	20	yuē	yue	treaty, agreement
	約會	20	yuēhuì	yuehuèi	an appointment
	事	20	shì	shih	thing
	連	21	lián	lián	prompt, continue
	忙	21	máng	máng	hurry
	連忙	21	liánmáng	liánmáng	quickly
	玉	21	yù	yù	jade
	米	21	mǐ	mǐ	rice
	玉米	21	yùmǐ	yùmǐ	corn
	濃	21	nóng	nóng	thick
	濃湯	21	nóngtāng	nóngtang	thick soup
5	網	26	wǎng	wǎng	net

課次	字、詞	課文頁碼	漢語拼音	通用拼音	英文解釋
	上網	26	shàngwǎng	shàngwǎng	surf the net
	央	26	yāng	yang	middle
	中央	26	zhōngyāng	jhongyang	center
	等	26	děng	děng	wait
	食	26	shí	shíh	eat
	食物	26	shíwù	shíhwù	food
	飛	26	fēi	fei	fly
	迎	26	yíng	yíng	to meet, receive
	歡迎	26	huānyíng	huanyíng	to welcome
	先	26	xiān	sian	first
	生	26	shēng	sheng	birth, life
	先生	26	xiānshēng	siansheng	Mister, husband
	累	26	lèi	lèi	tired
	休	26	xiū	siou	stop, rest
	息	26	xí	sí	to cease, rest
	休息	26	xiūxí	siousí	rest
	如	26	rú	rú	if
	能	26	néng	néng	can
	完	27	wán	wán	finish
6	非	32	fēi	fei	not, wrong
	錢	32	qián	cián	money

課次	字、詞	課文頁碼	漢語拼音	通用拼音	英文解釋
	捨	32	shě	shě	give up
	塊	32	kuài	kuài	piece
	位	32	wèi	wèi	location, seat
	畫	32	huà	huà	to draw, picture
	送	32	sòng	sòng	to give, to send
	張	32	zhāng	jhang	sheet
	被	32	bèi	bèi	be forced
	掉	32	diào	diào	off
	吃掉	32	chīdiao	chihdiào	eat off
	就	33	jiù	jiòu	only, just
	舒	33	shū	shu	relax
	臉	33	liǎn	liǎn	face
7	做	38	zuò	zuò	to do, work
	賀	38	hè	hè	celebrate
	卡	38	kǎ	kǎ	card
	賀卡	38	hèkǎ	hèkǎ	greeting card
	遠	38	yuǎn	yuǎn	far, distant
	方	38	fāng	fang	square, direction
	遠方	38	yuǎnfāng	yuǎnfang	far
	淡	38	dàn	dàn	light, mild
	粉	38	fěn	fěn	powder

課ㄎㄜˋ次ㄘˋ	字ㄗˋ、詞ㄘˊ	課ㄎㄜˋ文ㄨㄣˊ頁ㄧㄝˋ碼ㄇㄚˇ	漢ㄏㄢˋ語ㄩˇ拼ㄆㄧㄣ音ㄧㄣ	通ㄊㄨㄥ用ㄩㄥˋ拼ㄆㄧㄣ音ㄧㄣ	英ㄧㄥ文ㄨㄣˊ解ㄐㄧㄝˇ釋ㄕˋ
	紙ㄓˇ	38	zhǐ	jhǐh	paper
	金ㄐㄧㄣ	38	jīn	jin	gold
	寫ㄒㄧㄝˇ	38	xiě	siě	write
	念ㄋㄧㄢˋ	38	niàn	niàn	read
	祝ㄓㄨˋ	38	zhù	jhù	wish
	語ㄩˇ	38	yǔ	yǔ	language
	色ㄙㄜˋ	39	sè	sè	color
8	近ㄐㄧㄣˋ	44	jìn	jìn	near
	常ㄔㄤˊ	44	cháng	cháng	often
	用ㄩㄥˋ	44	yòng	yòng	use
	放ㄈㄤˋ	44	fàng	fàng	set free
	忘ㄨㄤˋ	44	wàng	wàng	forget
	功ㄍㄨㄥ	44	gōng	gong	work, study
	始ㄕˇ	44	shǐ	shǐh	begin
	忽ㄏㄨ	44	hū	hu	sudden
	面ㄇㄧㄢˋ	44	miàn	miàn	face, aspect
	努ㄋㄨˇ	45	nǔ	nǔ	endeavor
	力ㄌㄧˋ	45	lì	lì	power, strength
	努ㄋㄨˇ力ㄌㄧˋ	45	nǔlì	nǔlì	to exert
	順ㄕㄨㄣˋ	45	shùn	shùn	smooth, along
	順ㄕㄨㄣˋ心ㄒㄧㄣ	45	shùnxīn	shùnsin	in agreement with what one wants

課次	字、詞	課文頁碼	漢語拼音	通用拼音	英文解釋
	收	45	shōu	shou	receive
9	拜	50	bài	bài	to visit, to worship
	拜年	50	bàinián	bàinián	New Year's Greetings
	初	50	chū	chu	beginning
	廳	50	tīng	ting	lobby, room
	客廳	50	kètīng	kèting	living room
	臥	50	wò	wò	to lie down
	室	50	shì	shìh	room
	臥室	50	wòshì	wòshìh	bedroom
	還	50	hái	hái	still
	直	50	zhí	jhíh	straight, always
	誇	50	kuē	kua	exaggerate, praise
	表	51	biǎo	biǎo	list, express
	追	51	zhuī	jhuei	chase
	園	51	yuán	yuán	garden
	花園	51	huāyuán	huayuán	garden
	庭	51	tíng	tíng	the courtyard
	院	51	yuàn	yuàn	yard
	庭院	51	tíngyuàn	tíngyuàn	yard
	比	51	bǐ	bǐ	compare
10	筆	56	bǐ	bǐ	pen

課次	字、詞	課文頁碼	漢語拼音	通用拼音	英文解釋
	桌	56	zhuō	jhuo	table, desk
	為	56	wèi	wèi	for
	蛇	56	shé	shé	snake
	樣	56	yàng	yàng	kind
	棒	56	bàng	bàng	bat
	棒球	56	bàngqiú	bàngcióu	baseball
	沒	56	méi	méi	without
	害	56	hài	hài	to cause
	輸	56	shū	shu	lose
	值	56	zhí	jhíh	be on duty
	值日生	56	zhírìshēng	jhíhrìhsheng	O.D. (on duty)
	因	57	yīn	yin	be because
	把	57	bǎ	bǎ	handle
	盆	57	pén	pén	tub, pot
	花盆	57	huāpén	huapén	flowerpot
	破	57	pò	pò	broken
	打破	57	dǎpò	dǎpò	to break
11	帶	62	dài	dài	bring
	弟	62	dì	dì	brother
	吵	62	chǎo	chǎo	noisy, fight
	隊	62	duì	duèi	team

課次	字、詞	課文頁碼	漢語拼音	通用拼音	英文解釋
	排隊	62	páiduì	páiduèi	to line up
	共	62	gòng	gòng	total
	車	62	chē	che	car
	公共汽車	62	gōnggòngqìchē	gonggòngcìche	bus
	路	62	lù	lù	road
	店	62	diàn	diàn	shop
	麵	62	miàn	miàn	noodle
	麵包	62	miànbāo	miànbao	bread
	蛋	63	dàn	dàn	egg
	糕	63	gāo	gao	cake
	蛋糕	63	dàngāo	dàngao	cake
12	熊	68	xióng	syóng	bear
	散	68	sàn	sàn	spread out, scatter
	步	68	bù	bù	step
	散步	68	sànbù	sànbù	take a walk
	厚	68	hòu	hòn	thickness
	黑	68	hēi	hei	black, dark
	雨	68	yǔ	yǔ	rain
	洞	68	dòng	dòng	hole
	現	68	xiàn	siàn	present, to appear
	出現	68	chūxiàn	chusiàn	show up

課次	字、詞	課文頁碼	漢語拼音	通用拼音	英文解釋
	彩	68	cǎi	cǎi	colorful
	虹	68	hóng	hóng	rainbow
	彩虹	68	cǎihóng	cǎihóng	rainbow
	抓	69	zhuā	jhua	to grab
	聞	69	wén	wún	smell
	香	69	xiāng	siang	fragrance, nice smelling

MW00716284

國家圖書館出版品預行編目資料

全新版華語：課本／蘇月英等著. --臺初版.
--臺北縣新店市：流傳文化, 民93-
冊；　公分
ISBN 957-29495-2-7（第3冊：平裝）

1. 中國語言 - 讀本

802.85　　　　93003024

【全新版】華語第三冊

總 主 編：蘇月英
編撰委員：蘇月英、李春霞、胡曉英、詹月現、蘇　蘭
吳建衛、夏婉雲、鄒敦怜、林麗麗、林麗眞
指導委員：信世昌、林雪芳
總 編 輯：張瀞文
責任編輯：李金瑛
插　　畫：邱錦春、罐頭魚、鄭巧俐、黃南禎、顧家佩
美術設計：陳美霞
發 行 人：曾高燦
出版發行：流傳文化事業股份有限公司
地　　址：台北縣(231)新店市復興路43號4樓
電　　電：(02)8667-6565
傳　　眞：(02)2218-5221
郵政劃撥：19423296
http://www.ccbc.com.tw
E-mail：service@ccbc.com.tw
香港分公司◎集成圖書有限公司－香港皇后大道中283號聯威商業中心8字樓C室
TEL：(852)23886172-3 · FAX：(852)23886174
美國辦事處◎中華書局－135-29 Roosevelt Ave. Flushing, NY 11354 U.S.A.
TEL：(718)3533580 · FAX：(718)3533489
日本總經銷◎光儒堂－東京都千代田區神田神保町一丁目五六番地
TEL：(03)32914344 · FAX：(03)32914345

出版日期：西元2004年3月臺初版 (50012)
西元2006年3月臺初版八刷
印　　刷：世新大學出版中心

分類號碼：802.85.009
ISBN 957-29495-2-7

定　　價：120元